AF381464

PESTLE-ANALYSE

BELANGRIJKE INFORMATIE

- **Namen:** PESTLE-analyse, PESTEL-analyse, PESTLE-kader.

- **Gebruik:** de PESTLE-analyse stelt een manager in staat de belangrijkste macro-economische factoren te identificeren die van invloed kunnen zijn op de toekomstige ontwikkeling van het bedrijf.

- **Waarom is het succesvol?** De identificatie van toekomstige macro-economische variabelen die van belang kunnen zijn en de constructie van verschillende scenario's stellen de manager in staat beter te anticiperen op de strategische beslissingen die nodig zijn voor een goede ontwikkeling en duurzaamheid van het bedrijf.

- **Trefwoorden:**

  - <u>Concurrentievoordeel</u>: een troef waarmee een organisatie zich positief kan onderscheiden en haar concurrenten in een bepaalde sector voor kan blijven.

  - <u>Concurrentiestrategie</u>: methodologie die wordt toegepast om het succes van de onderneming te maximaliseren door middel van innovatie en grotere voordelen dan die van de concurrentie.

PESTLE-ANALYSE

Uw bedrijfsomgeving begrijpen en plannen

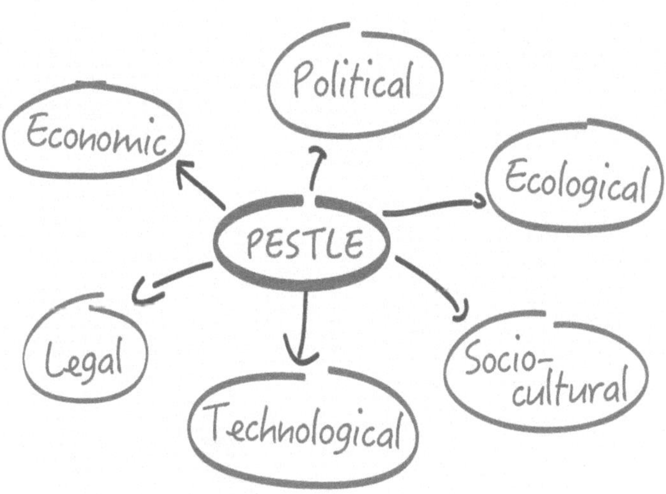

PESTLE-ANALYSE

Uw bedrijfsomgeving begrijpen en plannen

geschreven door Thomas del Marmol
vertaald door Nikki Claes

o <u>Economische situatie</u>: de algemene positie van een entiteit, bepaald door al haar politieke, economische en sociale elementen.

o <u>Pivot variabele</u>: een element van cruciaal belang dat de ontwikkeling van de onderneming sterk kan beïnvloeden.

o <u>Scenario</u>: de waarschijnlijke theoretische projectie voor de nabije of verre toekomst.

HET BEDRIJF EN ZIJN OMGEVING

Gekenmerkt door een steeds veranderende omgeving, verschilt onze huidige maatschappij in vele opzichten van wat zij vroeger was. Zich aanpassen aan de veranderende en concurrerende omgeving is nu een noodzaak geworden voor elke manager die zijn bedrijf overeind wil houden en het de komende jaren wil helpen bloeien. Het milieu (macro-economische dimensie) is in feite een bron van zowel kansen als bedreigingen gebleken voor elk bedrijf op de markt, ongeacht de bedrijfstak of sector.

Daarom zal een bevestigde anticipatie op het macro-economische fenomeen lambda al snel een direct concurrentievoordeel opleveren voor de manager, indien hij daardoor efficiënt kan reageren vóór zijn concurrenten. Anderzijds, als een manager een gedenkwaardige gebeurtenis op de markt onderschat, zal hij het snel moeten opnemen tegen concurrenten wier prognoses vollediger zijn. Bedrijven die bijvoorbeeld niet op tijd anticipeerden op de uitbreiding en de kansen die het internet bood, hadden het moeilijk rond de millenniumwisseling.

Aangezien het vermogen om bepaalde toekomstige gebeurtenissen te voorspellen de sleutel lijkt te zijn tot het succes, de goede ontwikkeling en zelfs, in sommige gevallen, het overleven van een onderneming, zijn er altijd mensen die, na een verandering in de omgeving, beweren dat de indicatoren toch al onvermijdelijk in die richting bewogen. Het is echter verre van eenvoudig om op deze indicatoren te anticiperen en niemand heeft een kristallen bol om de toekomst te voorspellen.

Het is in deze context van onzekerheid dat de PESTLE-analyse is verschenen, die tot doel heeft de macro-economische variabele die relevant is voor een organisatie in een specifieke omgeving te identificeren en te analyseren.

DEFINITIE VAN HET MODEL

Deze analyse kreeg de naam PESTLE, naar het acroniem van de zes categorieën macro-economische variabelen die in het model zijn opgenomen (politiek, economisch, sociaal-cultureel, technologisch, juridisch en milieu). Ten eerste stelt het model managers in staat de macro-economische variabelen te identificeren waar-mee rekening moet worden gehouden voor de ontwik-keling van de onderneming (kansen versus potentiële risico's), waarvan de waarschijnlijkheid nog vrij onze-ker is. Vervolgens kan het model de manager helpen verschillende scenario's te concipiëren op basis van deze onzekere variabelen om beter te voorspellen wat er zou kunnen gebeuren en nu de juiste beslissingen te nemen voor de toekomst.

 WAT IS DE MACRO-OMGEVING?

De omgeving van een organisatie kan worden onderverdeeld in drie verschillende lagen:

concurrenten en de markt;

industrie (d.w.z. het bedrijfsleven);

de macro-omgeving, het hoogste niveau, dat bestaat uit brede omgevingsfactoren die in meer of mindere mate op bijna alle organisaties van invloed zijn. (Johnson et al., 2008).

THEORIE

CONTEXT EN CONCEPT

De oorsprong van de PESTLE-analyse blijft vrij onduidelijk. Sommige auteurs zijn het er echter over eens dat de eerste sporen ervan te vinden zijn in het boek van Francis J. Aguilar, *Scanning the Business Environment* (1967). Destijds werd het model de PEST-analyse genoemd, die overeenkomt met de eerste categorieën macro-economische variabelen: politiek, economisch, sociaal-cultureel en technologisch.

Het werd in de jaren 1970 en 1980 gebruikt en geperfectioneerd door verscheidene opmerkelijke auteurs: Liam Fahey (directeur van de adviesorganisatie Leadership Forum Inc. en professor management aan het Boston College), Vadake K. Narayanan (professor management aan de Drexel University) en Arnold Brown (consulting project manager) om er maar een paar te noemen. Uit deze verschillende werken zijn verschillende uitbreidingen van het oorspronkelijke model voortgekomen onder de namen PEST-, SLEPT- of STEEPLE-analyse. Uiteindelijk werden de extra variabelen "juridisch" en "milieu" behouden, wat resulteerde in het PESTLE-model, dat vandaag de dag het meest algemeen aanvaard is. Sommigen geven er echter de voorkeur aan de "politieke" en "juridische" aspecten te combineren onder de enkele term "politiek-juridisch", waardoor het acroniem PESTE ontstaat.

De verzameling variabelen

Aangezien dit een populair en regelmatig gebruikt model is, zowel voor het voltooien van bedrijfsplannen, productie- of marketingstrategieën, als voor het lanceren van nieuwe projecten (bijvoorbeeld bij de ontwikkeling van een nieuw product op een markt die de onderneming nog niet heeft betreden), moet de aanpak specifiek zijn.

Het hoofddoel van de PESTLE-analyse is de identificatie van onvermijdelijke macro-economische veranderingen die een aanzienlijke invloed kunnen hebben op de ontwikkeling van een onderneming (in termen van haar producten, haar merk of zelfs haar gehele organisatie). Het gaat dus niet om een uitgebreide studie van de externe omgeving: de grondige analyse van macro-economische variabelen is alleen relevant met betrekking tot een specifieke onderneming, zodat deze kan anticiperen op de veranderingen die zich waarschijnlijk op haar schaal zullen voordoen.

Van alle macro-economische gebeurtenissen die zich de komende jaren zullen voordoen, zullen immers slechts enkele een reële invloed uitoefenen op de evolutie van de onderneming. Daarom is het de verantwoordelijkheid van de manager om onderscheid te maken tussen de variabelen die de organisatie direct of indirect kunnen beïnvloeden en die welke slechts een geringe invloed zullen hebben op haar duurzaamheid. Zo zal een leidinggevende aan het hoofd van een oliemaatschappij niet op dezelfde manier reageren op de recente ontdekkingen over de bijdragen van schaliegas als een leidinggevende van een rederij, of de eigenaar van een broodjeszaak!

Macro-economische variabelen worden ingedeeld in zes afzonderlijke, maar relatief onderling afhankelijke categorieën.

Fig. 2 – De 6 variabelen van de PESTLE-analyse

- **Politieke variabelen.** De politieke ontwikkelingen in een land (regeringsdruk, monetair beleid, enz.) zijn van grote invloed op de onderneming die ervoor kiest zich daar te vestigen: de gevestigde overheden nemen steeds meer beslissingen die rechtstreeks van invloed kunnen zijn op de dagelijkse activiteiten en de financiële (notionele rente, enz.) en sociale (werkgelegenheidssteun, subsidies, enz.) vooruitzichten van een onderneming. Ook andere elementen, zoals conflicten, de mate van corruptie of de mate van overheidsinterventie moeten in aanmerking worden genomen. Bovendien moet een ondernemer die een commercieel bedrijf opstart in een land met een voortdurend regeringsconflict ervoor zorgen dat hij inspeelt op de behoeften van de autochtone bevolking, die anders zullen zijn dan die in een land met stabiliteit en vrede. Merk ook op dat er instanties zijn zoals de Europese Commissie en de Wereldhandelsorganisatie (WTO) die het internationale handelsbeleid regelen.

- **Economische variabelen.** Hoewel het voor een onderneming vrijwel onmogelijk is om de economische situatie te veranderen, kan zij wel voorbereidingen treffen om schommelingen beter op te vangen. Het observeren van de ontwikkeling van het BBP van een land, de belastingtarieven en de groei van de koopkracht van de inwoners zal van cruciaal belang blijken om over alle factoren te beschikken die nodig zijn voor de besluitvorming van het management. Het economisch succes van een onderneming impliceert ook de observatie van voor de sector relevante kerncijfers en de analyse van consumententrends. Door te anticiperen op een aanzienlijke daling van de koopkracht kan de onderneming haar algemene strategie aanpassen om de verliezen tot een minimum te beperken.

- **Sociaal-culturele variabelen.** Kennis van de kenmerken van een bevolking (demografie, leeftijdsverdeling, enz.) om haar koopgedrag te begrijpen is essentieel om een markt te veroveren. Bovendien stellen de geschiedenis (wortels en tradities) en de religieuze en sociaal-culturele invloeden (mode, media, communicatiemiddelen, enz.) de onderneming in staat haar analyse van de specifieke behoeften van de betrokkenen te verfijnen. Zo ontwikkelen onderdanen van mediterrane landen in vele opzichten andere behoeften dan hun tegenhangers in de Baltische landen, als gevolg van hun cultuur, het klimaat waarin zij leven of hun religie.

- **Technologische variabelen.** Tegenwoordig zijn veel deskundigen in alle uithoeken van de planeet bezig om bestaande processen te revolutioneren. Terwijl sommige van deze bevindingen waarschijnlijk geen invloed zullen hebben op de doelmarkt, hebben andere het potentieel om de norm volledig omver te werpen. De internetrevolutie kwam voor veel managers als een verrassing, en degenen die anticipeerden op het toegenomen gebruik ervan behaalden een aanzienlijk concurrentievoordeel. Daarom lijkt het vanzelfsprekend om de praktijken op het gebied van O&O (onderzoek en ontwikkeling) en innovatie op het gekozen gebied (kernactiviteit) van de onderneming te onderzoeken. Een voortdurende evaluatie van het product en van de processen die betrokken zijn bij de voorbereiding en de verwerving ervan door de klant is de sleutel tot succesvolle technologische observatie.

- **Juridische variabelen.** Op de hoogte blijven van de regelgeving (arbeidswetgeving, handelswetgeving, enz.) in het land waar het bedrijf is of zal worden gevestigd – aangezien de wetgeving van plaats tot plaats verschilt – is nu een van de beste manieren om het bedrijf te beschermen tegen mogelijke juridische aanvallen en zo goed mogelijk te handelen binnen de wettelijke beperkingen. Zo is bijvoorbeeld de regelgeving inzake het dragen van wapens niet in elk land dezelfde, en elke scherpzinnige handelaar die zich in deze sector wil begeven, zal zijn communicatie en distributie snel aanpassen aan de wetgeving die in het betrokken land van kracht is. Ook belastingprikkels kunnen een goed geïnformeerde manager ertoe aanzetten de voorkeur te geven aan bepaalde landen boven andere.

- **Milieuvariabelen.** De 21e eeuw is een voortzetting van de 20e eeuw, waardoor milieu en duurzame ontwikkeling meer dan ooit centraal staan in de debatten. De verontrustende klimaatverandering, de voortdurend toenemende vervuiling, de van land tot land verschillende afvalsortering, enz.: tegenwoordig interesseren en verontrusten deze aspecten steeds meer mensen en degenen die hen leiden. Deze bezorgdheid heeft soms directe gevolgen voor de commerciële wereld. De beheersing van het energieverbruik of van het verontreinigingsniveau zijn twee voorbeelden van de vele maatregelen die door regionale, nationale en/of internationale autoriteiten worden genomen. Deze kunnen het verloop van de activiteiten van een organisatie beïnvloeden. Ondertussen worden nieuwe markten gecreëerd: bijvoorbeeld in het geval van biologische producten.

Onderstaande tabel geeft een overzicht van de belangrijkste macro-economische variabelen voor elke vastgestelde categorie. Deze niet-limitatieve lijst moet worden aangevuld naar gelang van de bedrijfssector en de specifieke landen van elke onderneming.

Identificatie van spilvariabelen

De grootste moeilijkheid van de oefening ligt in het identificeren van de relevante variabelen met betrekking tot een specifieke onderneming. Als de sortering niet goed gebeurt, bestaat het risico dat men met zoveel informatie komt te zitten dat men niet aan elk daarvan de nodige aandacht kan besteden en daardoor kansen of dreigende bedreigingen mist. Daarom is het van essentieel belang de scharniervariabelen te identificeren om de cruciale komende gebeurtenissen voor de onderneming beter te begrijpen.

De spilvariabelen zijn "de factoren die de structuur van een bedrijfstak of een markt aanzienlijk kunnen beïnvloeden" (Johnson et al, 2008: 64). Deze variabelen verschillen bijgevolg naar gelang van de sector en de markt – hoewel sommigen beweren dat alle ondernemingen met dezelfde bedreigingen worden geconfronteerd, aangezien de globalisering van de markten blijft toenemen en er voortdurend instanties voor de internationale handel worden opgericht. Bovendien variëren ze in de tijd, waardoor de gebruikte gegevens voortdurend ter discussie worden gesteld. Of het nu gaat om de smaak van de consument of de economische situatie, werken in een volatiele omgeving dwingt de manager om regelmatig marktonderzoek te raadplegen of te vragen, of om "het veld" in te gaan om de relevantie van deze variabelen te verifiëren.

Scenario's construeren

Zodra de gegevens zijn verzameld, geïdentificeerd en ingedeeld, op basis van de spilvariabelen, volgens hun waarschijnlijkheid en potentiële impact, moet de manager scenario's opstellen. Zij vertegenwoordigen mogelijke alternatieven voor de toekomst van de onderneming. Een van de spilvariabelen van de vastgoedsector houdt bijvoorbeeld rechtstreeks verband met de hypotheekrente waarmee particulieren hun investeringen kunnen doen. In dit geval zal het hoofd van een bouwbedrijf zich verschillende scenario's voorstellen: één waarin de rente licht stijgt, een tweede waarin hij sterk daalt, een derde waarin hij stagneert, enz.

VOORDELEN VAN HET GEBRUIK VAN HET PESTLE-MODEL

Hoewel de PESTLE-analyse niet pretendeert te voorspellen wat de toekomst zal brengen, blijkt zij toch nuttig om proactieve en constructieve discussies over de toekomst van de onderneming op gang te brengen. Het juiste gebruik van dit instrument maakt het mogelijk potentiële kansen en bedreigingen voor de onderneming op te sporen, die snel kunnen worden omgezet in een belangrijk concurrentievoordeel. Het PESTLE-model bevordert een globale visie, de mogelijkheid om een stap terug te doen en een zekere flexibiliteit.

Het gebruik van scenario's is bijzonder nuttig wanneer er een gering aantal spilvariabelen zijn met een grote mate van onzekerheid. Deze kunnen leiden tot twee radicaal verschillende toekomsten voor de onderneming en het is aan de manager om de antwoorden op elk van deze variabelen en vooral hun potentiële bijdrage aan de prestaties van de onderneming correct te identificeren. Aan de hand van de verschillende beschreven scenario's is het mogelijk te anticiperen op de ideale reacties in het geval dat een van beide scenario's werkelijkheid wordt. Het is ook zinvol om de waarschijnlijkheid te kwantificeren dat elk scenario zich voordoet, om vooraf de elementen voor te bereiden die nodig zijn voor het succes van de onderneming in het meest waarschijnlijke scenario.

Zodra de verschillende scenario's zijn vastgesteld, is het aan de manager en zijn adviseurs om elk ervan grondig te analyseren, de waarschijnlijkheid van hun verwezenlijking en de directe gevolgen ervan voor de onderneming te beoordelen.

PRAKTISCHE TOEPASSING

ADVIES EN TIPS

Sorteren en ontwikkelen van informatie

Bij het verzamelen van macro-economische gegevens wordt soms informatie opgenomen die niet altijd volledig betrouwbaar is. Daarom is het sterk aan te raden dat de beheerder onmiddellijk zijn ground truth toetst om na te gaan of deze correct is. In dat geval is het ook essentieel om de verzamelde informatie voortdurend te vergelijken met de nieuwe marktgegevens.

Met betrekking tot de hierboven voorgestelde indeling blijkt dat vele variabelen onderling afhankelijk zijn. De invoering van een milieuheffing heeft immers zowel betrekking op de juridische als op de milieuaspecten. Evenzo kan het verschijnen van nieuwe technologie van invloed zijn op bepaalde economische en sociaal-culturele aspecten van een land. Dus ook al is de voorgestelde indeling nuttig voor de manager – die de variabelen moet rangschikken – zij hoeft niet systematisch op elk detail te worden toegepast. In feite is het belang van de indeling van variabelen in de ene of de andere categorie relatief: het is bijvoorbeeld niet van groot belang urenlang te beslissen of het fiscale beleid van een land meer verband houdt met de politieke, economische of juridische categorieën. Aangezien het vooral een gestructureerde methode is om de verschillende macro-economische invloeden op de onderneming te inventariseren, ligt de echte uitdaging in het bepalen van de relevantie van deze gegevens en de potentiële impact ervan op de organisatie. Om het sorteren van informatie te vergemakkelijken, kan het ook nuttig zijn vergelijkingen te maken met gebeurtenissen in het verleden die van invloed zijn geweest op de sector.

Het opstellen van scenario's geeft een volledig beeld van mogelijke toekomstige situaties, maar moet in ieder geval niet te specifiek worden uitgevoerd: de PESTLE-analyse is niet bedoeld om specifieke richtlijnen voor te schrijven, maar om een discussie op gang te brengen over de mogelijke strategische beslissingen die moeten worden genomen indien een in een van de scenario's beschreven situatie zich voordoet. Over het algemeen is het raadzaam een even aantal scenario's te kiezen (twee of vier) om te voorkomen dat men in de verleiding komt het tussenliggende scenario te bevoordelen.

Toepassingen

Er zijn vele momenten en situaties waarin een PESTLE-analyse aangewezen is:

- **De lancering van een nieuw bedrijf.** Het opstellen van een bedrijfsplan, dat nodig is om de aandeelhouders ervan te overtuigen in de onderneming te investeren, vereist het gebruik van strategische instrumenten om een grondige analyse van de markt en de aantrekkingskracht daarvan op de consument aan te tonen. In dit verband kan de PESTLE-analyse de investeerders bewijzen dat de macro-economische omgeving gunstig is voor de ontwikkeling van een onderneming op de markt, of, indien dit niet het geval is, hen er ten minste op wijzen dat de onderneming zich bewust is van de risicovariabelen en dat er een manier is om deze te compenseren.

- **De ontwikkeling van nieuwe** producten **of de lancering van nieuwe projecten.** Evenzo kan de manager aan de hand van de PESTLE-analyse beoordelen of de omgeving klaar is om een nieuw product op de markt te verwelkomen. Ook de beslissing om een nieuw project te starten kan het voorwerp uitmaken van een gedetailleerde analyse.

- **De organisatie van de onderneming opnieuw evalueren.** De keuzes die bij de oprichting van de onderneming zijn gemaakt, kunnen snel achterhaald zijn gezien de voortdurende evolutie van de meeste markten. De smaak van de bevolking kan immers snel veranderen, de economische omstandigheden fluctueren, er verschijnen nieuwe technologieën, enz. De strategie van de onderneming moet voortdurend opnieuw worden geëvalueerd, door de PESTLE-analyse en andere diagnostische instrumenten regelmatig bij te werken, zodat ook recente gebeurtenissen erin kunnen worden opgenomen.

- **Het besluitvormingsproces van de marketingstrategie.** Kennis van de macro-economische variabelen van een sector, met name op sociaal-cultureel vlak, kan cruciaal zijn om goed met het publiek te kunnen communiceren. Wat zijn de culturele normen van de regio? Wat is de geschiedenis van het land? Deze vragen zullen helpen kostbare fouten in tijd en geld te voorkomen voor het bedrijf dat zijn product door een deel van de bevolking geadopteerd wil zien.

Extrapolatie

De verzamelde variabelen zullen op verschillende manieren worden geïnterpreteerd, afhankelijk van de ervaring en de achtergrond van de mensen die ze analyseren. Een econoom zal de gevolgen van een regeringswijziging niet op dezelfde manier opvatten als een jurist of een socioloog.

Aangezien de interactie van deskundigen het mogelijk maakt optimaal te anticiperen op de gevolgen van een nieuw geïdentificeerde variabele, wordt het essentieel om met de juiste mensen te werken.

Analyse van de sector

Het voorbereidende werk aan de hand van de PESTLE-analyse helpt de manager bij het nemen van de relevante beslissingen op het terrein, die de duurzaamheid van het bedrijf waarborgen. Zij zullen een directe en indirecte invloed hebben op de processen en het werk van alle leden van de organisatie.

Daarom moeten de beslissingen die aan de hand van het kader van de PESTLE-analyse worden genomen, met de hele organisatie worden gedeeld, om het team samen te brengen rond een gemeenschappelijke visie die door iedereen wordt begrepen en aanvaard. De steun van de gehele organisatie is wellicht een van de belangrijkste sleutels tot succes met betrekking tot beslissingen die voortvloeien uit de PESTLE-analyse. De uitvoering van genomen beslissingen betreffende de dagelijkse gang van zaken zal worden vergemakkelijkt.

PRAKTIJKVOORBEELD

Belgische Post Groep (bpost)

In 1790 verscheen in België het gemeentelijk postkantoor. Zijn activiteiten ontwikkelden zich voortdurend tot de naamloze vennootschap bpost die we vandaag kennen. Hoewel de hervorming van 1963, waarbij elke woning over een brievenbus moest beschikken, een echte impuls gaf aan de ontwikkeling van de reguliere post, staat het bedrijf sinds het begin van de jaren 2000 voor nieuwe uitdagingen. De opkomst van nieuwe communicatiemiddelen en het steeds populairder wordende gebruik van het internet hebben de situatie in een sector waar papier ooit domineerde, enigszins veranderd. En terwijl bpost ooit de postmarkt monopoliseerde, kwam er in 2011 concurrentie op gang, waardoor de operationele modaliteiten waaraan bpost gewend was, opnieuw door elkaar werden geschud.

Het was in deze ontwrichte context dat het bedrijf in 2013 besloot een nieuwe dienst te lanceren: de *Shop and Deliver* of 'bpost op afspraak', die tot doel heeft boodschappen bij klanten thuis te bezorgen volgens bestellingen die vooraf op hun website zijn geplaatst. Het bedrijf wil hiervoor partnerschappen aangaan met handelaars die al op de markt aanwezig zijn om zo veel mogelijk mensen tevreden te stellen. Bpost bouwt zo voort op haar bestaande langdurige vertrouwensrelatie met haar stakeholders: enerzijds biedt het bedrijf een medium aan de verkopers, zoals een e-commerce platform, waardoor ze de mensen kunnen bereiken die online boodschappen doen en anderzijds genieten de klanten van bpost mail van een thuisleveringsdienst van hun boodschappen op weekdagen tussen 17u en 21u. Zij kunnen hun producten selecteren op het internet en een leveringsplaats en -uur kiezen voor de eenheidsprijs van 9,95 euro per pakket.

De voltooide PESTLE-analyse

Zoals hierboven besproken, kan het bij de beslissing om een nieuw project te lanceren verstandig zijn de PESTLE-analyse te gebruiken om het reilen en zeilen van toekomstige macro-economische variabelen volledig te begrijpen. In dit geval hebben de voor deze analyse geselecteerde relevante variabelen betrekking op de lancering van het *Shop and* Deliver-project dat bpost wenst uit te voeren.

Scenario's construeren

Zodra de onbekende variabelen zijn geïdentificeerd, zal de manager verschillende scenario's opstellen om te anticiperen op de waarschijnlijke evolutie van deze variabelen en hun impact op de onderneming. Gezien het grote aantal variabelen dat voor deze casestudy is verzameld, zullen wij ons concentreren op het opstellen van vier scenario's voor de sociaal-culturele variabelen.

Het succes van het project hangt zowel af van de acceptatie van de dienst door het grote publiek als van de uitbreiding van de verkoop via e-commerce. De vervulling van deze twee voorwaarden is gebaseerd op een aantal onberekenbare aspecten, en daarom is het essentieel om verschillende scenario's op te stellen. Het onderstaande diagram toont de verschillende evolutiescenario's voor de onderneming op basis van de materialisatie van de variabelen.

Voortaan kan de onderneming alle eventualiteiten voorzien: de manager moet dan bereid zijn om zo goed mogelijk op elk scenario te reageren en oplossingen op maat aan te reiken voor het geval er zich een voordoet.

Conclusie

- Kortom, hoewel bpost een bedrijf blijft dat grotendeels in handen is van de Belgische Staat, is het in de loop van de jaren steeds onafhankelijker geworden zodat het niet langer kan overleven op overheidssteun of op zijn vermogen, wat het ten volle stimuleert om zeer concurrerend te worden.

- Zijn kernactiviteit lijdt onder een slecht imago en minder activiteit als gevolg van vele ongunstige factoren. Het heeft er alle belang bij om zijn technologische kracht en zijn rentabiliteit (genormaliseerde EBIT-marge van 17,96% in 2013) te gebruiken om een reeks strategische diversificaties door te voeren, waaronder *Shop and Deliver*, om zich voor te bereiden op de veranderingen in levensstijl van consumenten die steeds meer gebruik maken van e-commerce om hun aankopen te doen.

- De activiteit *Shop and Deliver* van het bedrijf zal extra inkomsten opleveren, waardoor het zijn winstbronnen kan diversifiëren. Het projectvoorstel is door de directie goedgekeurd: het bevindt zich momenteel in de ontwikkelingsfase en zal in de komende maanden naar behoren worden gelanceerd. Alleen de tijd zal leren of dit project een succes of een jammerlijke mislukking wordt.

- Hoewel het gebruik van de PESTLE-analyse in dit geval inderdaad relevant is, blijft zij ontoereikend. Deze analyse moet namelijk worden aangevuld met een uitgebreid onderzoek naar de sterke en zwakke punten van de onderneming om haar belangrijkste troeven in haar streven naar integratie in haar omgeving en winstgevendheid vast te stellen: bedreigingen en kansen (SWOT-analyse) alsmede de openstelling van de markt voor concurrentie (vijf (+1) krachtenanalyse van Porter) moeten terdege in aanmerking worden genomen om geen enkel aspect over het hoofd te zien en de best mogelijke prognoses te verkrijgen.

IMPACT

BEPERKINGEN EN KRITIEK

Hoewel het model zeer populair is bij bedrijfsmanagers, heeft de PESTLE-analyse, net als elk ander strategisch model, toch zijn beperkingen.

* **Relatieve globale visie.** Een van de belangrijkste beperkingen is eigenlijk het gevolg van een van de populairste voordelen van het model: als de beheerder een breed spectrum van macro-economische variabelen wil bestrijken, kan hij al snel overweldigd worden door de hoeveelheid informatie waarmee hij onvermijdelijk wordt geconfronteerd. In feite is er een groot verschil tussen het benadrukken van het belang van het sorteren van de relevante macro-economische variabelen en dit in de praktijk doen. Op een gegeven moment lijken alle variabelen belangrijk en is het aantal te construeren scenario's zo groot dat Steve Jobs zelf moeite zou hebben om relevante conclusies te trekken! Bekwaam zijn is niet altijd voldoende om spilvariabelen te identificeren. Soms is het nodig om een goede intuïtie te hebben en die in twijfel te trekken: zich bijvoorbeeld omringen met een multidisciplinair team dat in staat is collectieve intelligentie te ontwikkelen en rekenen op een flinke dosis geluk. Toch kan geluk worden beïnvloed door rigoureus te werken en zo breed mogelijk te analyseren.

- **Onbetrouwbare scenario's.** Situaties zijn in de praktijk vaak anders dan in theorie, en wat wordt voorspeld komt niet altijd overeen met de werkelijkheid. Vanuit dit oogpunt lijkt het instrument nuttig, maar bezit het geen concrete betrouwbaarheid.

- **Gebrek aan objectiviteit.** Er is geconstateerd dat veel managers ervoor kiezen om voor een pivotvariabele drie afzonderlijke scenario's uit te voeren: een optimistisch scenario, een pessimistisch scenario en een middenscenario. Hoewel deze tactiek de manager de indruk geeft dat hij zo objectief mogelijk is bij het ontwikkelen van een strategie, wordt hij in werkelijkheid vaak gedwongen de andere twee scenario's te negeren ten gunste van het middenscenario. En wat is het nut van het opstellen van meerdere scenario's als het uiteindelijk, maar om één ervan gaat?

- **Impact die onmogelijk te kwantificeren is.** Ten slotte dient te worden opgemerkt dat het weliswaar mogelijk is om met dit model de belangrijkste macro-economische veranderingen te bepalen die de markt zouden kunnen beïnvloeden, maar dat de specifieke impact van deze variabelen op de sector moeilijk te beoordelen en nog moeilijker te kwantificeren blijft.

VERWANTE MODELLEN EN UITBREIDINGEN

Aangezien de PESTLE-analyse slechts één van de drie niveaus van de omgeving van de organisatie betreft, kan een analyse die uitsluitend op de variabelen ervan is gebaseerd, niet relevant worden geacht voor de ontwikkeling van een strategie voor de onderneming.

Hoewel de PESTLE-diagnose in eerste instantie interessant lijkt (om belangrijke trends in de macro-omgeving te identificeren), moet zij worden aangevuld met andere instrumenten die de nabije omgeving van de organisatie bestuderen, d.w.z. haar macro-omgeving: industrie, directe concurrenten, enz. Later vullen de vijf (+1) krachtenanalyse van Porter en de SWOT-analyse de bezinning over de strategie van de onderneming aan.

Vijf (+1) krachtenanalyse van Porter

De vijf (+1) krachtenanalyse, in 1979 ontwikkeld door de Amerikaanse professor Michael Porter, stelt ons in staat de aantrekkelijkheid van een bedrijfstak te observeren en zijn concurrentiegedrag vast te stellen. Het model is gebaseerd op het concept concurrentievoordeel. Daarom is het aan de manager om de belangrijkste concurrentiekrachten in de bedrijfstak te observeren om de macht van elk van de huidige en potentiële concurrenten te begrijpen en beter in te schatten.

 ## WAT IS CONCURRENTIEVOORDEEL?

Het begrip concurrentievoordeel is gebaseerd op "alle kenmerken of eigenschappen van een product of merk die het een zekere superioriteit verlenen ten opzichte van zijn directe concurrenten. Deze kenmerken of eigenschappen kunnen van uiteenlopende aard zijn en betrekking hebben op het product zelf [...], de noodzakelijke of toegevoegde diensten die de basisdienst vergezellen, of de productie-, distributie- of verkoopvoorwaarden van het product of de onderneming" (Lambin en de Moerloose, 2008: 250).

Deze krachten vertegenwoordigen:

- de onderhandelingspositie van leveranciers
- de onderhandelingspositie van klanten
- de dreiging van nieuwkomers
- vervangende producten
- bedrijfstakoverkoepelende concurrentie
- de rol van de staat (later opgenomen).

De taak om de relevante krachten te evalueren ligt bij de manager: het doel is de huidige en toekomstige aantrekkelijkheid van de sector te bepalen, d.w.z. de ontwikkelingsvooruitzichten en de prestaties van hun bedrijf. Over het algemeen wordt de analyse van de vijf (+1) krachten van Porter afgesloten met de identificatie van de belangrijkste succesfactoren die een optimale ontwikkeling van de onderneming mogelijk maken.

SWOT-analyse

De SWOT-analyse, die in de jaren zestig werd ontwikkeld door verschillende professoren van de Harvard Business School, heeft tot doel de belangrijkste conclusies te trekken uit factoren die van belang zijn voor de kenmerken van de onderneming en haar omgeving. De naam van het model komt voort uit het acroniem gevormd door de woorden "Sterke punten", "Zwakke punten", "Kansen" en "Bedreigingen". Het is dus de verantwoordelijkheid van de besluitvormer om de belangrijkste sterke en zwakke punten van de onderneming te identificeren en zich bewust te zijn van de kansen en bedreigingen waarmee de sector wordt geconfronteerd.

Het belang van de SWOT-analyse ligt meer in de conclusies dan in de opsomming van de kenmerken van het bedrijf en de sector. Voor de manager zijn de conclusies alle aandachtspunten en punten voor reflectie die de ontwikkeling van een strategie op maat van de onderneming mogelijk maken, zowel wat haar interne als externe omgeving betreft.

CONVERGENTIE VAN DE MODELLEN

Een ervaren manager zal snel de voordelen begrijpen van het complementaire gebruik van deze modellen. Hoewel zij afzonderlijk nog nuttig kunnen zijn, is het eigenlijk door de onderlinge kruising en overlapping van informatie dat de belangrijkste rationele strategische beslissingen kunnen worden geformuleerd.

De analyse van de omgeving verloopt in verschillende fasen, waarbij de toepassing van bepaalde modellen de constructie van latere modellen zal beïnvloeden. Hoewel het verzamelen van informatie vervelend kan zijn, is het analyseren van de omgeving essentieel voor elke onderneming die een duurzaam concurrentievoordeel wil behouden.

SAMENVATTING

- De eerste sporen van de PESTLE-analyse verschenen in 1967 in het boek *Scanning the Business Environment* van professor Francis J. Aguilar, onder de naam PEST-analyse. Bestudeerd en ontwikkeld door vele auteurs, werd het later het PESTLE-model zoals wij dat vandaag kennen.

- De belangrijkste doelstellingen van de PESTLE-analyse zijn de indeling van macro-economische variabelen in zes categorieën – politiek, economisch, sociaal-cultureel, technologisch, juridisch en milieu – en het nemen van een stap terug, hetgeen noodzakelijk is om te anticiperen op de toekomst van een specifieke onderneming en deze te verzekeren.

  - Door deze gegevens te observeren kunt u begrijpen in welke omgeving het bedrijf evolueert of in de toekomst zal evolueren. Deze globale en macro-economische visie geldt voor alle ondernemingen.

  - De voornaamste moeilijkheid van het model ligt in het sorteren van de relevante variabelen naar gelang van het bedrijf in kwestie. Het verzamelen ervan leidt tot de identificatie van spilvariabelen die geacht worden een cruciale invloed te hebben op de gezonde ontwikkeling van de onderneming, maar waarvan de waarschijnlijkheid nog onzeker is.

- Of de PESTLE-analyse nu wordt gebruikt vlak voor de lancering van een nieuwe onderneming, voor de lancering van een nieuw product of project, voor de reorganisatie van een onderneming of wanneer men geconfronteerd wordt met op handen zijnde veranderingen in de omgeving, zij verschaft belangrijke informatie over de inherente spilvariabelen van een bepaalde situatie. Op basis van zijn waarnemingen zal de leidinggevende dus een aantal scenario's construeren (bij voorkeur een even aantal) op basis van de verzamelde informatie. Het doel is beter te anticiperen op toekomstige situaties die het bedrijf waarschijnlijk zal tegenkomen en oplossingen aan te reiken om de duurzaamheid en de toekomst van het bedrijf te verzekeren.

- Met de PESTLE-analyse kunt u een proactieve discussie op gang brengen over de toekomst van het bedrijf, op basis van de eerder verzamelde macro-economische variabelen.

- Het gebruik ervan alleen is interessant maar onvoldoende. De vijf (+1) krachtenanalyse van Porter en de SWOT-analyse kunnen een nuttig hulpmiddel zijn bij de analyse van de bedrijfsomgeving (micro-omgeving).

- Het geval van het bedrijf bpost toont aan hoe belangrijk het is te analyseren of de omgeving gunstig is voor de lancering van een nieuw project wanneer het bedrijf geconfronteerd wordt met een veranderende omgeving.

- Ten slotte is het belangrijk te onthouden dat de PESTLE-analyse een waardevol instrument is, hoewel zij niet met zekerheid kan voorspellen wat de toekomst zal brengen. Zij stelt ondernemingen echter wel in staat de belangrijkste trends te onderkennen om zich beter voor te bereiden en hun concurrentievoordeel te verdedigen.

VERDER LEZEN

BIBLIOGRAFIE

AWT. (2013) *L'e-commerce 2013 en Wallonie.* [Online]. [Accessed 11 May 2015]. Beschikbaar via Internet Archive: < https://web.archive.org/web/20131202084750/http://www.awt.be/web/dem/index.aspx?page=dem,fr,b13,ent,050>

Bpost. (2013) *Bpost jaarverslag 2012.* Brussel: Bpost.

Curau, L. (2012) Avantages concurrentiels : les cinq forces de Porter. *Cafedelabourse.com.* [Online]. [Accessed 11 May 2015]. Beschikbaar op: < https://www.cafedelabourse.com/dossiers/article/avantages-concurrentiels-les-5-forces-de-porter#>

Dcosta, A. (2011) PESTLE Analyse Geschiedenis en Toepassing. *Bright Hub Project Management.* [Online]. [Accessed 11 May 2015]. Beschikbaar via: < http://www.brighthubpm.com/project-planning/100279-pestle-analysis-history-and-application/>

Duguay, B. (2014) La capacité stratégique. *UQAM.*

Johnson, G., Scholes, K., Whittington, R. en Fréry, F. (2008) *Stratégique.* [8e editie]. Parijs: Pearson Education.

Kashi, K. en Dočkalíková, I. (2014) MCDM-methodes in de praktijk: Determining Importance of PESTEL Analysis Criteria. *Internationale Dagen van Statistiek en Economie.* [Online]. [Accessed 11 May 2015]. Beschikbaar via: < http://msed.vse.cz/msed_2014/article/362-Dockalikova-Iveta-paper.pdf>

Lambin, J-J. en de Moerloose, C. (2008) *Marketing stratégique et opérationnel. Du marketing à l'orientation de marché.* [7e editie]. Parijs: Dunod.

Lopez, F. (2011) *L'analyse PESTEL. Actinnovatie.* [Online]. [Geraadpleegd op 11 mei 2015]. Beschikbaar op: < http://www.actinnovation.com/innobox/outils-innovation/analyse-pestel>

Nadkarni, S. en Narayanan, V. K. (2007) Strategische Schema's, Strategische Flexibiliteit, en Bedrijfsprestatie: de Modererende Rol van Industrie Kloksnelheid. *Tijdschrift voor Strategisch Management.* 28(3), pp. 243-270.

PESTLEAnalysis. (2014) *Wat is PestleAnalyse?* [Online]. [Accessed 11 May 2015]. Beschikbaar via: < http://pestle-analysis.com/>

Porter, M. E. (2008) The Five Competitive Forces That Shape Strategy. *Harvard Business Review.* 86(1), pp. 25-40.

Post&Parcel. (2012) *Bpost breidt proeven met thuisbezorging op dezelfde dag uit.* [Online]. [Accessed 11 May 2015]. Beschikbaar via: < http://postandparcel.info/52078/news/companies/bpost-extends-same-day-home-delivery-trials/>

Srivastava, R. K., Fahey, L. en Christensen, H. K. (2014) The resource-Based View and Marketing: The Role of Market-Based Assets in Gaining Competitive Advantage. *Journal of Management.* 27(6), pp. 777-802.

AANVULLENDE BRONNEN

Aguilar, F. J. (1967) *Scanning the Business Environment.* New York: Macmillan.

bpost website. http://www.bpost.be/site/fr/postgroup/index.html

Happycapital website. http://www.happy-capital.com/

Silva, N. (2012) SWOT-analyse vs. PEST-analyse en wanneer ze te gebruiken. *Creately*. [Online]. [Geraadpleegd op 11 mei 2015]. Beschikbaar via: < http://creately.com/blog/diagrams/swot-analysis-vs-pest-analysis/>

Walsh, P. R. (2005) Omgaan met de onzekerheden van milieuverandering door scenarioplanning toe te voegen aan de strategieherformulering. *Management Decision*. 43(1), pp. 113-122.

Yüksel, I. (2012) Het ontwikkelen van een Multi-Criteria Decision Making Model voor PESTEL Analyse. *International Journal of Business and Management*. 7(24).

We horen graag van u! Laat
een reactie achter op jouw online bibliotheek
en deel je favoriete boeken op social media!

Master ISBN: 9782808063838
Papier ISBN: 9782808064125
Wettelijk depot: D/2022/12603/57

Digitaal ontwerp: Primento,
de digitale partner van uitgevers.